LES SEIGNEURS

DE

MAGNEUX ET DE TANNIERES

ÉTUDE GÉNÉALOGIQUE ET DOCUMENTS

PAR

PAUL PELLOT

Officier d'Académie

BIBLIOTHÉCAIRE-ARCHIVISTE DE LA VILLE DE RETHEL

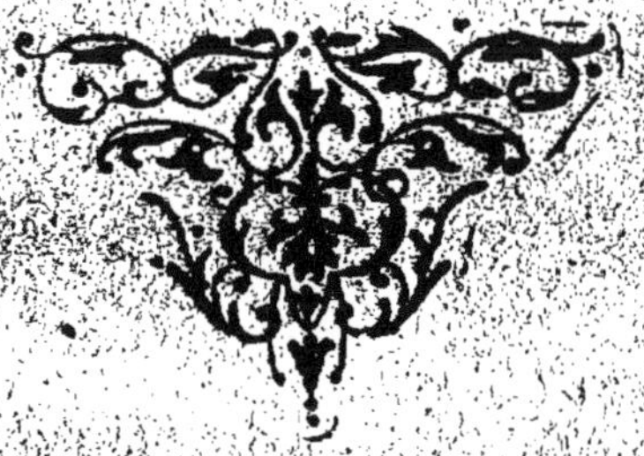

VANNES

IMPRIMERIE LAFOLYE

—

1901

LES SEIGNEURS

^{DE}

MAGNEUX ET DE TANNIÈRES

LES SEIGNEURS

DE

MAGNEUX ET DE TANNIÈRES

ÉTUDE GÉNÉALOGIQUE ET DOCUMENTS

PAR

PAUL PELLOT

Officier d'Académie

BIBLIOTHÉCAIRE-ARCHIVISTE DE LA VILLE DE RETHEL

VANNES

IMPRIMERIE LAFOLYE

—

1901

LES SEIGNEURS DE MAGNEUX

ET DE TANNIÈRES

ÉTUDE GÉNÉALOGIQUE ET DOCUMENTS

ᴿOCH DE WATTIER, écuyer, sieur de la Houssaye, élection de Soissons, fut anobli par lettres patentes de l'an 1658, puis confirmé, dans sa noblesse, suivant arrêt du Conseil en 1669, et maintenu en dernier lieu par Monsieur de Machault.

Armes : *d'azur, au sautoir d'or, cantonné de 5 chausse trappes, et d'un dextrochère de même en pointe, tenant une épée d'argent garnie d'or* (1).

Roch de Wattier, chevalier, seigneur de la Houssaye, Magneux (2), et Tannières (3), vicomte d'Ormont (4) en partie, était garde du corps du Roi en 1664. Il est depuis cette époque successivement qualifié capitaine d'une compagnie de cavalerie pour le service de Sa Majesté au régiment royal de Roussillon, capitaine en pied d'une compagnie de Chevau-légers au régiment de cavalerie de

(1) Cf. LAINÉ, *Nobiliaire du Soissonnais*, p. 100.
(2) Magneux, canton de Fismes (Marne).
(3) Tannières, canton de Braine (Aisne).
(4) Ormont, dépendance de Breuil, canton de Fismes,

S. A. Mgr le duc d'Enghien, enfin premier capitaine et major au régiment de cavalerie de Rouvray.

Il mourut le 14 septembre 1685, à l'âge de 70 ans, et fut inhumé le lendemain dans l'église de Magneux, en présence de Mre *Antoine de Vignolles* (1), chevalier, seigneur d'Urcel (2), et *Alexandre de France* 3), chevalier, seigneur de Maubenton.

Elisabeth de Chartongne (4', sa première femme, fille de *Louis de Chartongne*, écuyer, seigneur de Vauzelles et de Magneux, vicomte d'Ormont, et de *Guillemette de Méry*, morte elle-même vers 1673, fut enterrée dans l'église de Tannières. Elle ne laissait d'autres enfants que deux filles, qu'elle avait eues d'un précédent mariage, contracté avec *Antoine de Vignolles*, écuyer, seigneur de Tannières, décédé avant 1664.

Vers 1682, Roch de Watier s'allia, en secondes noces, à demoiselle *Elisabeth Hervy*, qui le rendit père de deux enfants :

Philippe Watier, né à Magneux, le 29 mars 1684, baptisé le 5 avril suivant.

Et *Marie Elisabeth Watier* de la Houssaye, née audit lieu, le 25 mars 1686, baptisée le 28 du même mois. Elle est

(1) Vignolles : *d'azur, à la bande d'argent, chargée de 3 coquilles d'or.* Ce lignage remonte à David, sieur de Vignolles, en 1468.

(2) Urcel, canton d'Anizy-le-Château (Aisne).

(3) France : *fascé d'argent et d'azur, chargé de 6 fleurs de lys de gueules, 3, 2 et 1.* L'auteur de cette famille, Raulin de France, vivant en 1543, était, d'après Lainé, un riche laboureur du village de Crugny.

(4) Cf. Paul Pellot, *La Famille de Chartongne*, in-8°, 88 p., Arcis-sur-Aube, imp. Léon Frémont, 1885.

(5) Maubeuge, famille picarde qui porte : *vairé d'or et de gueules.* Le 24 novembre 1600, Louis de Maubeuge, écuyer, sieur de Bois, assiste au contrat de mariage de Jean de Maubeuge, écuyer, fils de défunt Eloy de Maubeuge, écuyer, et de Hélène de Barastre, avec Anne Le Dannois, fille du seigneur de Sery en Porcien.

décédée le 7 mars 1748, et reçut la sépulture le lendemain dans le chœur de l'église de Magneux. Mariée d'abord le 22 mars 1703, à Mre *Roch de Maubeuge*, filleul de son père, dont nous parlerons ci-après, elle épousa ensuite le 1er février 1713, *Charles Acan de Maubeuge*, chevalier, seigneur d'Herbigny (1) et de Magneux en partie, capitaine au régiment d'infanterie du Soissonnais, fils de *Nicolas de Maubeuge*, chevalier, seigneur d'Herbigny, y demeurant, et de *Nicole d'Arras* (2).

Après le décès de Roch de Watier, Elisabeth Hervy, sa veuve, se remaria le 24 avril 1698, avec *Philippe de Maubeuge*, chevalier seigneur de Monceau-Loastre (3), Tannières, et du franc alleu noble de Namur, ci devant capitaine d'une compagnie de cavalerie dans le régiment de Furstemberg, depuis cette époque capitaine au régiment de la Couronne, et capitaine de S. A. S. Monseigneur le Cardinal de Luxembourg. Ses père et mère étaient *Nicolas de Maubeuge*, chevalier, seigneur de Monceau-Loastre, du Bassinet (4), de Rumes (5), d'Issancourt (6), etc., et *Madeleine de Blond* (7). Il mourut à Tannières le 8 juin 1725, étant âgé de 92 ans.

Philippe de Maubeuge, demeurant à Grigny-sous-Passy (8) en 1672, avait épousé, en premier mariage, par contrat passé devant Arlault, notaire à Fismes, le 24 janvier

---

(1) Herbigny, canton de Novion-Porcien (Ardennes).

(2) Arras, seigneurs d'Haudrecy : *d'argent, au chevron d'azur, accompagné en chef de 2 blairiers affrontés de sable, becqués et pattés de gueules.*

(3) Aujourd'hui Monceau le Vuast, canton de Marle (Aisne).

(4) Bassinet, commune de Fourdrain, canton de la Fère (Aisne).

(5) Rumes, hameau dépendant d'Issancourt.

(6) Issancourt, canton de Mézières (Ardennes).

(7) Le Blond : *d'argent, à 3 tours de gueules, hersées de sable.*

(8) Grigny, section de la commune de Passy-Grigny, canton de Châtillon-sur-Marne.

1672, *Judith-Marie de Vignolles*, décédée à Tannières, le 22 juillet 1695, fille *d'Antoine de Vignolles*, et *d'Elisabeth de Chartongne*, dont cinq enfants :

1° *Roch de Maubeuge*, chevalier, seigneur de Tannières et de Magneux, où il naquit le 13 novembre 1673. Capitaine au régiment de garde du Prince de Furstemberg en 1698, et plus tard au régiment royal de Cuirassiers, il se maria le 22 mars 1703, à *Marie-Elisabeth Watier de la Houssaye*, fille de *Roch de Watier*, et *d'Elisabeth Hervy*. (Voir supra) Il mourut le 28 juin 1709, et fut inhumé le lendemain dans l'église de Magneux.

2° *Antoine de Maubeuge*, chevalier, seigneur de Tannières, vivant en 1698.

3° *Elisabeth de Maubeuge*, qui épousa, dans l'église de Tannières, le 15 novembre 1701, *Louis Claude de France*, seigneur d'Irval (1), décédé le 3 août 1753, fils *d'Alexandre de France*, seigneur de Vendeuil (2), et de *Suzanne d'Anglebermer* (3.

4° *Michel-Philippe de Maubeuge*, né à Tannières, le 2 janvier 1686, clerc tonsuré, tué à la chasse d'un coup de fusil, le 17 septembre 1703.

5° *Charles-François de Maubeuge*, né à Tannières, le 4 mars 1690, écuyer, aide-major au régiment de Loigny, seigneur de Tannières, Branges et Loupeigne, décédé le 21 novembre 1732, ayant été marié le 11 janvier 1718, en l'église de Champvoisy (4), avec *Jeanne-Marguerite de Robinière* (5).

(1) Irval, fief situé autrefois sur la paroisse de Vendeuil.

(2) Vendeuil, canton de Fismes (Marne).

(3) Anglebermer : *d'azur, fretté d'or de six pièces*. (Cf. d'HOZIER, *Arm. gén. de France*.)

(4) Champvoisy, canton de Dormans (Marne).

(5) Robinière : famille condamnée le 27 juin 1667, et relevée par lettres royales du 21 septembre suivant. Nous lui consacrerons prochainement un petit article.

Antoine de Vignolles et Elisabeth de Chartongne laissaient en outre une fille :

Elisabeth de Vignolles, mariée par contrat du 8 novembre 1664, à *Robert de Bruneteau* (1), chevalier, seigneur de Mitry (2), Magneux et Fleury la Rivière (3), chevau-léger de la Compagnie de Monseigneur le Dauphin, décédé à Magneux, le 20 mars 1684, étant âgé 54 ans, et inhumé le lendemain dans la chapelle Notre-Dame de l'église. Ce dernier était fils de *Paul de Bruneteau*, écuyer, sieur desdits lieux, et de *Charlotte d'Averton* (4).

Il laissa deux filles :

Elisabeth de Bruneteau, filleule de Roch de Watier, et *Marguerite de Bruneteau*, morte le 3 juin 1709, à l'âge de 34 ans, inhumée à Magneux dans la chapelle de la Vierge. Elle avait épousé, le 4 mai 1708, messire *Jean-Baptiste de Villelongue* (5), chevalier, seigneur de Guignicourt, veuf de *Madeleine de Boucher*.

Enfants de Marie-Elisabeth Watier de la Houssaye et de Roch de Maubeuge, son premier mari :

1° *Marie-Elisabeth de Maubeuge*, baptisée le 23 mai 1706, mariée à Magneux, le 20 novembre 1736, avec messire *Antoine Alexandre de France*, chevalier mousquetaire de la garde à cheval du Roi, seigneur en partie de Tannières,

(1) Bruneteau, vicomtes de Chouilly, seigneurs du Mesnil. etc.. maintenus par arrêt du Conseil, sur une production rejetée par Caumartin, et remontant à 1551 : *d'azur, au lion d'or, accosté de 2 piliers couronnés d'argent, et surmonté d'une étoile d'or.*

(2) Mitry, fief situé à Chaumuzy. canton de Châtillon-sur-Marne.

(3) Fleury-la-Rivière, canton d'Epernay (Marne).

(4) Averton, famille représentée en 1612 par Jacques d'Averton, seigneur du Mesnil-Hutier, marié avec Anne Le Carlier, dont l'inhumation eut lieu en l'église de Mareuil-le-Port, le 30 septembre de la même année.

(5) Villelongue : *écartelé, aux 2 et 4 d'argent, au loup passant de sable, aux 2 et 3 d'azur, à la gerbe d'or.*

décédé à Tannières le 12 février 1789, fils, de *Louis Claude de France*, écuyer, ancien officier au régiment du Maine, et de défunte dame *Elisabeth de Maubeuge*.

2° *Philippe de Maubeuge*, écuyer, seigneur de Tannières, baptisé le 8 mai 1707 ; parrain : messire Philippe de Maubeuge, écuyer, seigneur de Tannières, Branges et Loupeigne ; marraine : *Renée Thérèse Anger*, femme de messire Benjamin de Chartongne, chevalier, seigneur d'Arsonville, lieutenant colonel du régiment de Bourbon-Cavalerie, demeurant à Maizy.

3° *Marguerite Antoinette de Maubeuge*, baptisée le 18 mai 1708 ; parrain : messire Antoine de Maubeuge, demeurant à Tannières ; marraine : Marguerite de Brunetau, demeurant à Magneux. Elle épousa à Magneux, le 20 novembre 1734, son cousin germain, *Roland de France*, chevalier, seigneur de Tannières, garde du corps du roi, frère d'Antoine Alexandre de France, dont nous avons parlé plus haut.

4° *Marie Marguerite de Maubeuge*, baptisée le 3 octobre 1709. Parrain : messire Charles François de Maubeuge ; marraine ; dame Elisabeth de Maubeuge, épouse de messire Claude de France, chevalier, seigneur d'Irval.

Enfants nés du second mariage de Marie Elisabeth Watier de la Houssaye, dame en partie de Magneux, avec Acan Charles de Maubeuge, décédé à Magneux, le 9 septembre 1729, étant âgé de 52 ans, inhumé dans l'église de sa paroisse :

1° *Marie Elisabeth de Maubeuge* baptisée le 27 décembre, 1713 Parrain : Nicolas de Maubeuge, seigneur de Cambron et d'Herbigny, y demeurant ; marraine : Marie Thérèse de Noël (1), dame de Prouilly (2), y demeurant. Son mariage

(1) Noël, il y a trois ou quatre familles de ce nom, dont l'une a produit depuis Jérôme Noël, écuyer, sieur de Cernay, intendant de la Maison de Marie Stuart, reine d'Ecosse.

(2) Prouilly, canton de Fismes (Marne),

fut célébré en l'église de Magneux, le 25 janvier 1744, avec *Charles Antoine de Maubeuge*, âgé de 19 ans, écuyer, garde du corps du Roi, fils de défunt messire *Charles François de Maubeuge*, écuyer, aide-major au régiment de Loigny, seigneur en partie de Tannières, et de *Jeanne Marguerite de Robinière*, dame de Champvoisy.

2° *Louis-Charles de Maubeuge*, baptisé le 24 février 1715. Parrain : Mme Claude de France d'Irval, écuyer, seigneur d'Irval et de Vendeuil ; marraine : damoiselle Marie de Maubeuge de Cambron, paroisse d'Herbigny.

3° *Marie-Anne-Charlotte de Maubeuge*, baptisée le 7 août 1716. Parrain : Charles-François de Maubeuge, chevalier, seigneur de Tannières ; marraine : damoiselle Anne de Bruneteau.

4° *Eustache de Maubeuge*, baptisé le 12 avril 1718. Parrain : Eustache des Fossés (1), écuyer, garde du corps du Roi dans la Compagnie de Noailles, seigneur de Jouaignes (2) ; marraine : Marie-Thérèse d'Arras, damoiselle de Prouilly.

5° *Marie-Anne-Nicole de Maubeuge*, baptisée le 10 août 1719. Parrain : M. Nicolas-Adrian de Chabrignac, lieutenant de carabiniers, seigneur de Loastre (3) en Soissonnais ; marraine : Anne Desfossés, seigneur de Jouaignes, y demeurant. Elle épousa, le 13 août 1750, M. *Pierre de Clouet* (4),

---

(1) Des Fossés : *d'or, à deux lions de gueules, adossés et passés en sautoir ;* famille représentée en 1698, par Eustache Desfossés, écuyer, seigneur de Jouaignes, y demeurant, marié à Jeanne Guiborat. Son nom figure dans les registres paroissiaux de Troissy (Marne), le 3 février 1679, en qualité de parrain de Marthe Louise, fille de Pierre Guiborat, gouverneur des Pages de la Chambre du Roi.

(2) Jouaignes, canton de Braine (Aisne).

(3) Auj. Louâtre, canton de Villers-Cotterêts (Aisne).

(4) Clouet : vers 1620, M. Ponce Lepoyvre, lieutenant pour le roi en l'élection de Réthélois, est tuteur des enfants mineurs de feu n. h. Jacques de Clouet, sieur de Grandchamp, et de demoiselle Nicole de Clèves, sa femme. Sur la famille de Clèves, Cf. PAUL PELLOT, *Les Droits seigneuriaux et les seigneurs de Sorbon à la fin du XVIe siècle*, in-8°, 51 p. Reims, imp. de l'Académie, 1894.

garde du corps du Roi, seigneur de Grandchamp (1), fils de *Jean de Clouet*, chevalier, seigneur de Grandchamp, capitaine d'infanterie, et de feue dame *Poncette de Maubeuge*.

6° *Maries-Elisabeth de Maubeuge*, baptisée le 26 mars 1721. Parrain : Pierre de Maubeuge de Vilbrun, écuyer, seigneur de Rumes, Issancourt en partie, capitaine au régiment d'infanterie du Soissonnais, demeurant à Justine ; marraine : damoiselle Marie Elisabeth de Maubeuge de Magneux. Le 25 novembre 1749, elle se maria avec *Eustache de Vauclerois* (2), âgé de 35 ans, écuyer, seigneur en partie de la Ville-aux-Bois, y demeurant, paroisse de Breuil (3), capitaine d'infanterie au bataillon de Laon, fils de défunt M° *Charles-Joseph de Vauclerois*, écuyer, seigneur de la Ville-aux-Bois, ancien officier de cavalerie au régiment de La Feronnaye, et de dame *Mathurine Truiart*, demeurant à Fismes.

7° *Marguerite de Maubeuge*, baptisée le 26 mars 1721. Parrain : Philippe de Maubeuge, écuyer, demeurant à Magneux ; marraine : damoiselle Marguerite de Maubeuge, demeurant au même lieu.

8° *Marguerite-Louise de Maubeuge*, baptisée le 20 juillet 1722, décédée le 1er novembre suivant. Cet enfant avait eu pour parrain et marraine : Louis de Donze, ci-devant capitaine de la colonelle dans le régiment de Bourgogne, inspecteur des Ponts et Chaussées de Reims à Fismes, et damoiselle Marie Elisabeth de Maubeuge.

9° Anne-Marguerite-Louise de Maubeuge, née en 1723, mariée, à Tannières, le 23 juillet 1751, avec Alexandre-Louis Bouillard de la Croix, ancien garde du corps du

---

(1) Grandchamp, canton de Novion Porcien (Ardennes).

(2) Vauclerois : *d'argent, à l'anille de sable*. En 1594, Edme de Vauclerois, gentilhomme de la Chambre, était gouverneur de Château-Porcien.

(3) Breuil-sur-Vesle, canton de Fismes (Marne).

roi, âgé de 70 ans, fils de feu Pierre-Laurent Bouillard de la Croix.

Enfants nés du mariage de Charles-François de Maubeuge avec Jeanne-Marguerite de Robinière :

1° *Charles-Antoine de Maubeuge*, écuyer, garde du corps du roi, né vers 1727, demeurant à Tannières, qui s'allia, le 25 janvier 1746, avec *Marie-Elisabeth de Maubeuge*. (Voir supra.)

2° *Eustache-Jean-Philippe de Maubeuge*, né à Tannières le 20 avril 1719, qui eut pour marraine Jeanne Lefèvre, femme d'Eustache de Robinière, brigadier des gardes du corps du Roi.

3° *Marguerite-Françoise de Maubeuge*, baptisée à Tannières le 25 mai 1729.

4° *Marguerite-Louise de Maubeuge*, mariée, à Tannières, le 28 novembre 1754 à *Jean-Louis d'Arboussier*, seigneur de Montaigu, capitaine au régiment d'infanterie de Rohan, fils de feu *Jean-François d'Arboussier*, et de feue *Anne d'Abessens de Saint Rome*.

5° *Charles-François de Maubeuge*, écuyer, garde du corps du roi, capitaine de cavalerie, marié à *Marie-Thérèse de Maubeuge*, dont cinq enfants nés à Champvoisy :

I° *Jean-Nicolas-Joseph de Maubeuge*, baptisé le 3 octobre 1752.

II° *Anne-Antoinette de Maubeuge*, baptisée le 7 octobre 1753. Parrain : Mre Charles Antoine de Maubeuge ; marraine : Jeanne-Elisabeth de Maubeuge.

III° *Claude-Françis de Maubeuge*, baptisé le 22 octobre 1754.

IV° *Thérèse de Maubeuge*, baptisée le 6 juin 1757. Parrain : Jean-Nicolas-Joseph de Maubeuge, âgé de 5 ans ; marraine ; Jeanne-Antoinette de Maubeuge, âgée de 4 ans, frère et sœur de la baptisée.

V° *Henriette-Elisabeth de Maubeuge*, née le 13 septembre et baptisée le lendemain.

Le 4 octobre 1680, Roch de Watier avait fait diverses dispositions testamentaires, au profit de Roch de Maubeuge et d'Elisabeth de Bruneteau, ses filleuls, mais il les révoqua le 5 mars 1682.

Le jour même de la confection de son testament, il fonda une chapelle au château de Tannières, avec abandon de 132 livres de rente annuelle, pour son entretien.

La rareté de documents de pareille sorte dans les archives notariales nous fait un devoir de reproduire ici l'acte constitutif de cette aumône.

Nous avons encore une fois prouvé que la charité fut toujours la grande loi féodale, et que la vieille noblesse ne ménage jamais son argent, quand il s'agit de multiplier les œuvres généreuses, pas plus qu'elle ne marchande son sang, quand il faut lutter par la défense du sol national.

ACTE CONSTITUTIF

DE LA FONDATION FAITE PAR ROCH DE WATIER

Fut présent en personne messire Roch de Watier, escuyer, seigneur de la Houssey et de Magneux en partie, dem. aud. Magneux, capitaine en pied d'une compagnie de chevau-légers au régiment de cavallerie de Son Altesse Monseigneur le duc d'Anguien, lequel, considérant que touttes choses terrestres sont périssables, et au contraire les spirituelles fermes, stables, ét permanentes, voulant commuer le temporel au spirituel, pour le salut de son âme, de celle de deffunte dame Elisabeth de Chartongne, son espouze, et de leurs parens et amis présens et à venir. Désirant fonder à perpétuité une chapelle au chasteau de Tanière, en la maison où demeure présentement messire Philippes de Maubeuge, chevalier, seigneur dudit Tannière et autres lieux, à ces causes, il promet et s'oblige de faire bastir et édifier audit chasteau de Tanière une chapelle, laquelle il veut, soub le bon plaisir de très révérend père en Dieu Monseigneur l'evesque de Soissons, fonder, douer et ériger en bénéfice perpétuel, à la gloire de Dieu, en l'honneur de Saint-Roch, de laquelle chapelle touttefois et quantes qu'elle vacquera la présentation et nomination sera et appartiendra audit sieur de la Houssey, tant qu'il vivra, et, après son décès audit sieur de Maubeuge, seigneur dudit Tanière, et à ses successeurs, seigneurs dudit Tanière, possesseurs dudit chasteau où il demeure, qui est la maison seigneurialle dudit lieu, à l'exclusion de tous les autres seigneurs dudit Tanière, qui n'auront aucune part à ladite nomination, et ladite nomination comme patrons layes, et aux privilèges donnez et octroyez aux patrons layes, et audit seigneur evesque de Soissons ou grands vicaires et leurs successeurs, competera et appartiendra la collation, provision et institution, à la charge que ledit chappelain qui sera nommé, sera tenu de dire chanter et cellebrer en ladite chapelle, par chacun mois perpétuellement, et à tousjours, à l'intention dudit sieur de la Houssey, et pour l'expiation de ses pechez et de ceux de ladite dame son espouze, et de leurs parens et amis présens et à venir, une messe basse, le premier mercredy ou samedy de chacun mois, à l'honneur de la vierge, outre une messe par chacun jour de dimanches et festes de l'année, aussy à perpétuité, et encore une messe haute à nones, le jour et feste de Saint-Rocq, pour la donnation et fondation de laquelle chapelle, ledit sieur de la Houssey a donné, ceddé et transporté, par ces présentes, à ladite chapelle, la somme de cent trente-deux livres de rente annuelle, et le principal dicelle, montant à deux mils six cens quarante livres, à luy bien et loyallement deue, par les vefve et héritiers de deffunt messire François de Basin, escuyer, seigneur et vicomte de Ploisy, (1) pour les causes portées au contrat de création et constitution d'icelle rente, passé par devant Foucart et Vuillaume, notaires royaux à Soissons, le seiziesme d'octobre mil six cens soixante et dix, pour en jouir par ladite chappelle, du jour et feste de Saint-Martin d'Hyver prochain venant et à tousjours, en droit de propriété, et dont le revenu et interest de la dite rente sera, demeurera spécialement lié, obligé, affecté et hypothec-

---

(1) Bazin, seigneurs de Thiverny et de Ploisy, élection de Soissons (1532) portent : *écartelé, aux 1 et 4 d'or, au lion de sable, lampassé et armé de gueules, aux 2 et 3, de vair.*

qué à la cellébration desdites messes et offices, qui sera payé et delivré audit chapelain, par ledit sieur de la Houssey, de son vivant, et après sa mort, par ledit sieur de Maubeuge et ses successeurs, comme il est dit cy devant, de trois mois en trois mois, qui est pour chacun quartier, trente trois livres, voulant que led. chapelain jouisse dudit revenu à tousjours, comme en main morte, et vu ledit chappelain nommé en lad. chappelle seroit déffaillant de dire e cellebrer lesd messes et offices, ou l'une d'icelles, aux jours, qu'il est dit cy-devant, led. s^r de la Houssey fondateur, led. s^r de Maubeuge, ses hoirs successeurs et ayans causes, leur procureur ou commis et les successeurs seigneurs dudit Tannière, pocceddans led. chateau et maison seigneurialle, pourront faire dire, chanter et cellebrer lesd. messes et offices, par qui bon leur semblera, et prendre ledit revenu donné par le présent contrat, pour y satisfaire, ne pourra led chappelain vendre, engager, hypothecquer, aliener, ny disposer de lad. rente, par telle sorte et manière que ce soit, et affin que ce soit chose ferme et stable à toujours, led. s^r fondateur prie et requiert Mondit seigneur l'évesque de Soissons et ses grands vicaires de vouloir ériger, créer et instituer icelle chapelle en bénéfice perpétuel (aux charges cy-dessus) et y mettre son autorité et puissance, ordonner, consentir, et permettre que la présentation d'icelle chappelle appartiendra à toujours perpétuellement, audit s^r fondateur, aud. s^r de Maubeuge, à ses descendans et successeurs, seigneurs dud. Tannière possedans ledit chateau et maison seigneurialle dud. Tanière, comme patrons lays, aux privilèges et franchizes donnez et octroyez aux patrons lays, et que la collation, provision et toute autre institution appartiendra audit seigneur évesque et à ses successeurs, et pour l'exécution des présentes, accorder et requérir ce que dessus, ledit sieur fondateur a nommé et constitué son procureur irrévocable, le porteur des présentes, comme aussy pour en requérir et consentir l'insinuation ou homologation, si besoin est, partout et par devant qui il appartiendra, estant l'intention dudit sieur de la Houssey, fondateur que le chapelain de ladite chappelle ne pourra directement ni indirectement disposer de ladite chapelle, par resignation, permutation ny autrement, de telle sorte que ce puisse estre, sans l'exprès congé et consentement dudit sieur fondateur, de son vivant, dudit sieur de Mau-, beuge, et de ses successeurs, possedans ladite maison seigneurialle après sa mort, et en cas que le curé dudit Tanière soit nommé chapelain de ladite chapelle, il demeurera deschargé de dire et cellebrer lesdites messes, les jours de dimanches et festes, dans ledit chasteau, et les pourra cellebrer en l'église parroissialle dudit Tanière, sans pourtant qu'il luy soit rien diminué du revenu de ladite rente, lequel curé, non plus que les autres chappellains, ne pourra directement ni indirectement dispozer de ladite chapelle, par résignation, permutation, ny autrement, et au contraire, en cas de deffaut de satisfaire à la cellebration desdites messes et offices, il en pourra estre deposseddé comme les autres, ayant esté accordé par ledit sieur de la Houssey, que jusques à ce que ladite chappelle soit bastye, lesdites messes et offices cy dessus soient dites et cellebrez dans l'église parroissialle dudit Tanière, en la chapelle de la Vierge, voulant qu'au cas du remboursement du principal de ladite rente par lesdites vefve et héritiers dudit sieur de Ploisy, ou leurs successeurs, les deniers dudit remboursement soient mis es mains dudit sieur de la Houssey, ou, après sa mort, en celles dudit sieur de Maubeuge, et autres successeurs seigneurs, possédans ladite maison seigneurialle, pour estre incontinent après employez en achapt de fonds d'héritages ou rentes constituées, qui demeureront spéciallement affectés à la cellébration desdites messes et offices, et sans que lesdits deniers proceddans dudit remboursement puissent estre alliénez ni divertis à autres fins, et si ledit remboursement se faisoit du vivant dudit sieur de la Houssey, et que lors il fut absent, il veut que lesdits deniers soient mis ès mains dudit sieur de Maubeuge, pour estre employés, ainsy qu'il est dit cy devant, sans réservation et par augmentation du revenu de ladite chappelle, ledit sieur de la Houssey a, par ces mesmes présentes, donné, par pur vrai et irrévocable don, fait entre vif et sans espérance d'aucun rappel, à ladite chappelle, ce acceptante par le notaire royal soubsigné, la somme de quatre cens livres, à prendre du jour de son décès, sur ses effetz mobiliairs, et laquelle somme de quatre cens livres, ledit sieur de la Houssey veut et entend estre employée en achapt de fond d'héritages ou rente constituée, pour le revenu ou interest appartenir et estre donné d'augmentation audit chapelain, et par quartier, comme il est dit cy dessus, promettant ledit sieur de la Houssey tenir, entretenir, et avoir pour agréable ce que dessus, mesme garendir ladite rente soubz l'obligation de ses biens, et a signé. Fait et passé audit Magneux, par moy notaire, tabellion et garde notte héréditaire, demeurant à Fymes, soubsigné, en la présence de Claude Mathieu, laboureur, et de Pierre Michault, vigneron, demeurant audit Magneux, tesmoins qui ont signé au déffault d'un autre notaire, le quatriesme jour d'octobre mil six cens quatre vingt, devant midy, notiffié le scel.

DE LA HOUSSEY
ROQC-VATTIER
CLAUDE MATHIEU
PIERRE MICHAULT
ARLAULT

En marge : aujourd'hui treiziesme du mois de juin mil six cens quatre vingt et sept, devant midy, par devant les notaires royaux soubsignez, est comparu messire Philippes de Maubeuge, chevalier, seigneur de Tanière, de Monceau, Loastre, du Bassinet et autres lieux, dem. audit Tanière, estant à Fymes, lequel a reconnu que dès le vingt septiesme décembre mil six cens quatre vingt et cinq, dame Elisabeth Hervy, vefve de feu messire Rocque Watier, seigneur de la Housset, duquel est parlé au contrat escrit au blanc des présentes, luy a délivré et mis ès mains la somme de quatre cens livres, de laquelle ledit sieur de la Housset a fait don par ledit contrat, pour augmentation de revenu à la chapelle fondée et créée par iceluy, dont ledit sieur de Maubeuge s'est contanté, et promet icelle somme de quatre cens livres employer en achapt de fonds d'héritage ou rente constituée, pour le revenu appartenir audit chapelain de ladite chappelle, conformément et au désir dudit contrat, — promettant, renonçant, etc... et a signé, et au moyen de la présente reconnoissance, le billet que ledit sieur de Maubeuge avoit donné à ladite damoiselle de la Housset, de ladite somme de quatre cens livres, datté dudit jour vingt septiesme décembre mil six cens quatre vingt et cinq, a esté présentement rendu audit sieur de Maubeuge, comme nul et sans effect, l'an et jour susdits.

Signé : DE MAUBEUGE,

ARLAULT, HUBERT.

I

PAROISSE DE MAGNEUX LES FISMES

13 novembre 1673.

Naissance de Roch, fils de noble homme Philippe de Maubeuge, écuyer, seigneur de Magneux en partie, de Monceau-Louastre, et autres lieux, et de damoiselle Marie-Judith de Vignolles, baptisé le 4 mars 1674). Parrain : noble homme Roch de Watier, écuyer, seigneur de la Houssaye et de Tannières, 1er capitaine et major du régiment de chevau-légers de Rouvray, demeurant à Tannières ; marraine : damoiselle Magdelaine de Blond, veuve de noble homme Nicolas de Maubeuge, écuyer, seigneur de Monceau-Louastre, demeurant à Grigny.

1684. — Le 20 de mars est décédé en cette paroisse, messire Robert de Brunetot, vivant chevalier, seigneur de Mutri et de Magneux en partie, époux de dame Elisabeth de Vignolle, étant âgé de 54 ans, et a esté inhumé le iour suivant, au tombeau de la famille, dans la chapelle de Notre-Dame, présens M. de la Housset et de Maubeuge, qui ont signés.

(Pas de signatures).

1684. — Le 29 de mars, est né, et, le 5 d'avril suivant, est baptisé le fils de messire Roch Vuatier, chevalier, seigneur de la Housset et Magneux, vicomte d'Ormont en partie, capitaine et maior du régiment de cavalerie de Rouvrai, et de dame Elisabeth Hervi, ses père et mère, demeurant aud. Magneu. On lui a imposé le nom de Philippe, et le parein a esté messire de Maubeuge, et la mareine Susanne Danglebermé, femme de M. de Monbenton, qui ont signé avec ledit sieur de la Housset.

(Pas de signatures).

1685. — Le 14 septembre, est décédé en cette paroisse messire Roch Vuatier, vivant chevalier, seigneur de la Housset, de Magneux, et vicomte d'Ormont en partie, capitaine et maior du régiment de cavalerie de Rouvrais, marit de dame Elisabeth Hervy, son épouse, étant aagé de 70 ans, et a esté inhumé le iour suivant, présens M. Antoine de Vignolle, chevalier, seigneur de Ursai, et Alexandre de France, chevalier, seigneur de Maubenton, qui ont signés. (Pas de signatures).

1686. — Le 25 mars est né, et le 28 suivant, a esté baptisé la fille de feu messire Roch Vuatier, vivant chevalier, seigneur de la Houssaye, Magneu, et vicomte d'Ormont, capitaine et maior du régiment de cavalerie de Rouvrai, et de dame Elisabeth Hervy, demeurant à Magneu ; elle a esté nomé Marie-Elisabeth.

1698, 24 avril. — Mariage de M. Philippe de Maubeuge, écuyer, seigneur de Tannières, etc., veuf de Judith de Vignolles, avec Elisabeth Hervy, veuve en premières noces de Roch de Watier, écuyer, seigneur de la Houssaye, et de Magneux en partie.

1698. — A été parrain Roch de Maubeuge, demeurant à Tannières, capitaine au régiment de garde du prince de Fistamber, (*sic*) gentilhomme.

Marraine : Elisabeth de la Houssaye, fille de feu messire de la Houssaye, seigneur de Magneux en partie, capitaine major au régiment de Rouvray, demeurant à Magneux.

1706, 23 mai. — B. Marie-Elisabeth, fille de Roch de Maubeuge, et de Elisabeth de la Houssaye, écuyer, seigneur en partie de Magneux.

P. Roland de Lescuyer, chevalier, seigneur de Bohan et Arnicourt, y demeurant ; marraine : dame Elisabeth Hervy de Maubeuge, demeurant à Tannières.

1708, 21 mai. — Mariage de Jean-Baptiste de Villelongue, chevalier, seigneur de Guignicourt, veuf de damoiselle Magdeleine de Boucher, de la paroisse de la Chapelle-sous-Orbais, avec Marguerite de Bruneteau, fille de défunt messire Robert de Bruneteau, chevalier, seigneur de Fleury la Rivière, et de damoiselle Elisabeth de Vignolles.

1709, 3 juin. — Décès de Marguerite de Bruneteau (36 ans), femme de messire Jean-Baptiste de Villelongue, chevalier, seigneur de Guignicourt, inhumée dans la chapelle de la Vierge, au lieu et place de ses parents.

L'an de grâce 1709, le 28e jour du mois de juin, est enterré le 29, messire Rocq de Maubeuge, chevalier, seigneur de Magnieux en party et autre lieu, mary de dame Elizabeth Watié de la Houssaye, âgée de 36 ans ou environ, après avoir receu tous les sacremens de l'Église, a esté inhumé dans l'église de Magnieu, au lieu et place des parans de laditte dame, où nous l'avons conduit avecq les cérémonies accoustumé, le mesme jour et an que dessus, et les parans ont signé.

(Pas de signatures).

L'an de grâce 1729, le 9e jour du mois de septembre, est décédé en cette paroisse, messire Charles Acham, seigneur en partie de Magneux, âgé de cinquante deux ans, après avoir reçeu les sacremens de l'Église ; a esté inhumé dans l'église de Magneux, où nous l'avons conduit avecq les cérémonies accoustumé, le mesme jour et an que dessus. (Pas de signatures.)

1736, 27 novembre. — Mariage de messire Antoine Alexandre de France, écuyer, chevalier, mousquetaire de la garde à cheval du Roi, seigneur en partie de Tannières, fils de messire Louis Claude de France, écuyer, ancien officier au régiment du Maine, et de défunte Elisabeth de Maubeuge, avec damoiselle Marie-Elisabeth de Maubeuge, fille de défunt Roch de Maubeuge, écuyer, chevalier, seigneur de Tannières, Magneux, etc, capitaine au régiment royal des cuirassiers du Roi, et de dame Marie-Elisabeth de la Houssaye ; tém. Philippe de Maubeuge, écuyer, chevalier, seigneur de Tannières, damoiselle Marie-Thérèse de Maubeuge, demoiselle d'Herbigny, et damoiselle Marie-Anne de Maubeuge, aussi demoiselle d'Herbigny.

20 novembre 1736. — Mariage de messire Roland de France, écuyer, chevalier, seigneur en partie de Tannières, garde du corps du Roi de sa compagnie d'Harcourt, fils de messire Louis-Claude de France, écuyer, chevalier, ancien officier au régiment d'Humières, et de défunte dame Elisabeth de Maubeuge,

avec damoiselle Marguerite-Antoinette de Maubeuge, écuyer, chevalier, seigneur de Tannières, Magneux, etc., capitaine au régiment royal de cuirassiers du Roi, et de dame Marie-Elisabeth de la Houssaye, dame en partie de ce lieu.

2e DEGRÉ DE CONSANGUINITÉ

Témoin, Philippe de Maubeuge, écuyer, chevalier, seigneur de Tannières.

1746, 25 janvier. — Mariage de messire Charles-Antoine de Maubeuge, 19 ans, écuyer, garde du corps du Roi, fils de défunt messire Charles-François de Maubeuge, écuyer, aide-major au régiment de Loigny, seigneur en partie de Tannières, et de Jeanne-Marguerite de Robinière, dame de Champvoisy, y demeurant, avec Marie-Elisabeth de Maubeuge, 32 ans, fille de défunt messire Charles-Acam de Maubeuge, capitaine au régiment de Soissonnais, écuyer, seigneur en partie d'Herbigny, et de dame Marie-Elisabeth Watier de la Houssaye, dame en partie du Magneux.

Témoins : Charles-François de Maubeuge, écuyer, garde du corps du Roi, frère du marié.

Messire Philippe de Maubeuge, écuyer, seigneur de Tannières, frère de la mariée.

Antoine-Alexandre de France, écuyer, officier des mousquetaires, seigneur en partie de Tannières ; Roland de France, écuyer, garde du corps du Roi, seigneur en partie de Tannières, cousins germains du marié et beaux-frères de la mariée ; Marie-Anne-Adrienne de Maubeuge et Marie-Elisabeth de Maubeuge, sœurs de la mariée.

1746, 10 octobre. — B. Guillaume-Antoine-Alexandre, fils de Messire Roland de France, écuyer ancien, garde du corps du Roi, seigneur en partie de Tannières, et de Marguerite-Antoinette de Maubeuge.

Parrain : Guillaume-Antoine-Alexandre de Vignolles, écuyer, seigneur du fief de Maubenton, officier des Mousquetaires de la garde du Roi, chevalier de Saint-Louis, de la paroisse de Crugny.

Marraine : Marie-Elisabeth de Maubeuge, épouse de Messire Antoine-Alexandre de France, écuyer, seigneur en partie de Tannières, officier des Mousquetaires de la garde du Roi, chevalier de Saint-Louis.

L'an mil sept cens quarante-huict, le sept mars, est décédée en cette paroisse, après avoir reçu les sacrements de l'Église, Madame Marie-Elizabeth Watier de la Houssaye, dame en partie de cette paroisse, veuve en secondes noces de messire Charles-Acam de Maubeuge, écuyer, seigneur en partie d'Herbigny, et ancien capitaine dans le régiment de Soissonnais, et le lendemain nous l'avons enterrée dans le chœur de nostre église, en présence de Jean Ferlin et de Pierre Paille, marguillier.

BRÉTIGNY, curé de Magneux, doyen de Fismes.

JEAN FERLIN,   PIERRE PAILLE,

PHILIPPE DANZOY.

1749, 25 novembre. — Mariage de messire Eustache de Vaucleroy (35 ans), écuyer, seigneur en partie de la Ville-aux-Bois, y demeurant, paroisse de Breuil, capitaine d'infanterie au bataillon de Laon, fils de défunt messire Charles-Joseph de Vaucleroy, écuyer, seigneur de la Ville-aux-Bois, ancien officier de cavalerie au régiment de la Feronaye, et d'Anne-Catherine Truiart, demeurant à Fismes, avec madame Elisabeth de Maubeuge (28 ans), demoiselle en partie de Magneux et d'Herbigny, fille de défunt messire Charles-Acam de Maubeuge, écuyer, seigneur en partie de Magneux et Herbigny, capitaine au régiment du Soissonnais, et de feue Marie-Elisabeth Watier de la Houssaye, dame en partie de Magneux ; témoins : messire Eustache-Antoine de Vaucleroy, chevalier, seigneur baron de Neuflize, frère ; messire Alexandre-César de Vaucleroy, écuyer, seigneur de la Ville-aux-Bois, oncle ; messires Antoine-Alexandre et Roland de France, écuyers, seigneurs de Tannières et Magneux en partie, beaux-frères de la mariée.

1750, 13 août. — Mariage de messire Pierre de Clouet, ci-devant garde du corps du Roi, chevalier, seigneur de

Grandchamp, fils de défunt messire Jean de Clouet, chevalier, seigneur dudit Grandchamp, capitaine d'infanterie, et de feue dame Poncette de Maubeuge, avec damoiselle Marie-Anne-Adrienne Nicole de Maubeuge, dame en partie de Magneux, 31 ans, fille de défunt messire Charles-Acam de Maubeuge, écuyer, seigneur en partie d'Herbigny, capitaine d'infanterie, et de Marie-Elisabeth Watier de la Houssaye. Témoins : Messire Antoine-Alexandre de France, écuyer, seigneur de Tannières, ancien officier des mousquetaires, chevalier de Saint-Louis; Marie-Elisabeth de Maubeuge, son épouse; messire Roland de France, écuyer, seigneur de Tannières et Magneux en partie; dame Marguerite-Antoinette de Maubeuge, son épouse; messire Charles-Antoine de Maubeuge, écuyer, seigneur de Tannières; dame Marie-Elisabeth de Maubeuge, son épouse, beaux-frères et sœurs de la mariée ; messire Louis-Charles, comte d'Aumale, seigneur vicomte du Mont Notre-Dame ; dame Henriette-Charlotte Desfossés, épouse de messire Antoine-Guillaume-Alexandre de Vignolles.

II

PAROISSE DE CHAMPVOISY

1752, 3 octobre. — B. Jean-Nicolas-Joseph, fils de messire Jean-Charles-François de Maubeuge, garde du corps du Roi, et de Marie-Thérèse de Maubeuge. Parrain: messire Nicolas de Maubeuge de la Neuville, capitaine au régiment royal Comptois; marraine : Jeanne-Marguerite de Robinière, douairière de messire François de Maubeuge, dame de Champvoisy.

1754, 12 octobre. — Naissance et baptême de Claude-François, fils de Charles-François de Maubeuge, garde du corps du Roi, et de Thérèse de Maubeuge. Parrain : messire Claude Moreau, curé de la paroisse de Champvoisy ; marraine : demoiselle de Maubeuge.

1760, 13 septembre. — N. (B. 14) Henriette-Elisabeth, fille de messire Charles-François de Maubeuge de Chamvoisy, garde du corps du Roi, capitaine de cavalerie, et de demoiselle Marie-Thérèse de Maubeuge ; parrain : messire Henry-Catherine Lefèvre, prêtre, docteur, ex-sindic et professeur royal de Sorbonne, abbé de Notre-Dame de Chartreuve, prédicateur du Roi, vicaire général de Rhodes; marraine : damoiselle Marie-Elisabeth de Maubeuge, épouse de messire Charles-Antoine de Maubeuge, seigneur de Tannières.

MINUTES DE Mᵉ ARLAULT, NOTAIRE A FISMES.

8 novembre 1664. — Contrat de mariage de messire Robert de Bruneteau, écuyer, seigneur de Mutry, Fleury-la-Rivière en partie, et autres lieux, l'un des chevau-légers de la compagnie de monseigneur le Dauphin, fils de feu Paul de Bruneteau, écuyer, seigneur desdits lieux, et de damoiselle Charlotte d'Averton, avec Elisabeth de Vignolles, fille de feu messire Antoine de Vignolles, écuyer, seigneur de Tannières, et de damoiselle Elisabeth de Chartongne, autorisée de messire Roch de Watier, écuyer, seigneur de la Houssaye et dudit Tannières, capitaine réformé, garde du corps du Roi, et de ladite damoiselle Elisabeth de Chartongne, son épouse, mère de la future. Témoins : Louis de Bruneteau, écuyer, sieur de Fleury-la-Rivière, frère du futur; messire Antoine d'Harzillemont, écuyer, seigneur de Merval, Branges, et Loupeigne, gentilhomme ordinaire de feu monseigneur le prince de Condé; Antoine de Bourgeois, écuyer, seigneur de Saint-Martin, chevau-léger de la garde du Roi, cousin germain de la future épouse, Jonas du Houx, écuyer, seigneur de la Barre et du fief de Nige, sis à Trotte ; messire Louis d'Harzillemont, chevalier, seigneur et vicomte de Lhuys et Branges en partie, parents et amis des parties.

24 janvier 1672. — Contrat de mariage de Philippe de Maubeuge, écuyer, seigneur de Monceau-Louastre, demeurant à Grigny sous Passy. fils de feu Nicolas de Maubeuge, vivant écuyer, sieur dudit Monceau, du Bassinet et autres lieux, et de damoiselle Magdelaine de Blond, avec damoiselle Judith-Marie de Vignolles, fille de feu Antoine de Vignolles, écuyer seigneur de Tannières, et de damoiselle Elisabeth de Chartongne, (celle-ci à présent épouse de Roch de Watier, écuyer, sieur de la Houssaye, capitaine d'une compagnie de cavalerie pour le service de Sa Majesté au régiment royal de Roussillon.)

Témoins : Claude de Maubeuge, écuyer, seigneur de Fligny en partie ; Charles de Lescuyer, écuyer, seigneur de Hamichesnois, Bohan, Hagnicourt. et autres lieux, grand maître des eaux et forêts de la souveraineté d'Arches ; Jean d'Aguisy, écuyer, seigneur de Rumes, et Issancourt, et Jonas-Charles du Houx, écuyer, seigneur de la Barre, du fief de Nige, à Trotte, de Tannières, Branges et Loupeigne en partie, tous parents et amis dudit sieur de Maubeuge ; Robert de Bruneteau, écuyer, seigneur de Mutry et de Fleury-la-Rivière, en partie ; François de Chartongne, écuyer, seigneur de Vauzelles, Ormont et Magneux en partie ; Pierre de Vignolles, écuyer, sieur de Saint-Mard et de Selles ; Antoine de Bourgeois, écuyer, sieur de Saint-Martin ; et Alexandre de France, écuyer, sieur de Maubenton et de Vendeuil, tous parents et amis de ladite damoiselle future épouse.

4 octobre 1680. — Testament de messire Roch de Watier, écuyer, seigneur de la Houssaye et Magneux en partie, demeurant à Magneux, capitaine en pied d'une compagnie de chevau-légers au régiment de cavalerie de Son Altesse Monseigneur le duc d'Enghien.

Il veut être enterré en l'église de Tannières vis-à-vis la chapelle de la Vierge, proche le lieu où défunte dame Elisabeth de Chartongne son épouse est enterrée. Donne sa maison seigneuriale et ses droits seigneuriaux de Magneux, à son filleul Roch de Maubeuge, fils de messire Philippe de Maubeuge, chevalier, seigneur de Tannières, et de dame Marie-Judith de Vignolles. Il donne en outre à damoiselle Elisabeth de Bruneteau, sa filleule, fille de messire Robert de Bruneteau, écuyer, seigneur de Mutry et de Magneux en partie, et de damoiselle Elisabeth de Vignolles : 1º sa ferme située à Barbaize ; 2º 1550 livres de rente constituée par messire Charles de Lescuyer, chevalier, seigneur de Montigny ; 3º 2350 livres à lui dues par messire Philippe de Mettin, chevalier, seigneur de Géraumont, brigadier de cavalerie pour le service du Roi en ses armées.

ARLAUT et DUCHÊNE, notaires.

Suit une révocation du 5 mars 1682.

7 avril 1698. — Contrat de mariage de messire Philippe de Maubeuge, chevalier, seigneur de Tannières, du franc alleu noble de Namur, etc. ci-devant capitaine d'une compagnie de cavalerie dans le régiment de Fuschemberg, fils de défunt messire Nicolas de Maubeuge, chevalier, seigneur de Monceau, Loastre, le Bassinet, Rumes, Issancourt, etc, et de damoiselle Magdelaine de Blond, avec damoiselle Elisabeth Hervy, veuve de Roch de Watier, chevalier, seigneur de la Houssaye et Magneux en partie, capitaine major au régiment de cavalerie de Rouvray, demeurant à Magneux.

Témoins : Messire Louis d'Aumale, chevalier seigneur vicomte du Mont Notre-Dame, Branges et Loupeigne ; messire Antoine de Maubeuge, chevalier, seigneur de Tannières, fils dudit seigneur de Maubeuge ; messire Roch de Maubeuge, chevalier seigneur dudit Tannières, fils dudit seigneur de Maubeuge ; damoiselle Elisabeth de Maubeuge, fille dudit seigneur de Maubeuge ; damoiselle Phle de Grossaine, veuve de messire François de Chartongne ; vénérable et discrète pers. messire Elie Norbert Marchand, prêtre curé de Magneux.

APPENDICE

De nouveaux renseignements recueillis à la dernière heure nous permettent de compléter ainsi qu'il suit la descendance de *Roland de France* et de *Pierre de Clouet* de qui il a été précédemment parlé :

I

I. — Roland de France écuyer seigneur de Magneux et de Tannières en partie, garde du corps du Roi dans la Compagnie d'Harcourt et dans la Compagnie de Luxembourg mourut le 1er juin 1768.

D'un mariage contracté avec Marguerite Antoinette de Maubeuge, décédée le 12 février 1786 à l'âge de 78 ans, il eût :

1º Antoine Roland de France, né le 2 avril 1738, baptisé le lendemain, chevalier, seigneur en partie de Tannières et Villers, chevalier de Saint Louis, ancien capitaine commandant des greniers au régiment du maréchal de Turenne en 1786, demeurant à Villers en Prayères, où il fut marié le 21 novembre 1780, avec Marie Françoise de Noue (1) fille de feu *Joseph de Noue*, seigneur de Villers, et de *Marie Françoise de Noue.*

(1) Noue : *échiqueté d'argent et d'azur, au chef de gueules.*

2º *Marguerite Thérèse Simonne de France*, née le 15 novembre 1739, baptisée le lendemain, demeurant à Magneux.

3º *Alexandre César Hyacinthe* qui suit.

4º *Jeanne Elisabeth de France*, née le 17 janvier 1742, baptisée le 20 du même mois.

II. — Alexandre César Hyacinthe de France, né et baptisé le 20 décembre 1740, écuyer, seigneur en partie de Magneux, y demeurant, surnuméraire des gendarmes de la garde du Roi en 1770, était officier dans le régiment provincial de Soissons en 1772 et capitaine d'infanterie en 1786.

Il laissa trois enfants de *Marie Anne Aimée Catherine de Drouart* (1).

1º *Antoinette Marguerite Alexandrine de France*, née et baptisée le 25 mai 1770.

2º *Nicolas Robert de France*, né et baptisé le 2 septembre 1772.

3º *Marie Elisabeth Joséphine de France*, née le 27 janvier 1776, baptisée le lendemain.

II

Pierre de Clouet, chevalier, seigneur de Grandchamps et Magneux, y demeurant, garde du corps du Roi avec commission de capitaine de cavalerie, chevalier de Saint Louis, est qualifié ancien brigadier des gardes du corps de la compagnie de Beauvau lors de son décès arrivé le 20 août 1769, à l'âge de 54 ans.

(1) Drouart : *de gueules, à 3 membres de griffon d'or, au chef du même.*

Marie-Anne Adrienne Nicole de Maubeuge sa femme eut de lui :

1° *Pierre Jean Baptiste Nicolas de Clouet* né le 8 juin 1751, seigneur de Grandchamps et de Magneux, chevalier de l'ordre de Saint Lazare, ancien mousquetaire du Roi en 1778.

2° *Marie Agnès Alexandrine de Clouet* de Grandchamps, née le 29 avril 1755, baptisée le lendemain. Elle épousa à Grandchamps, le 3 décembre 1777, *Charles Louis d'Aguizy*, chevalier, seigneur de Mainbressy, lieutenant de cavalerie, garde du corps du Roi dans la compagnie de Luxembourg, alors âgé de 25 ans, fils de Jean Antoine d'Aguizy, chevalier seigneur de Mainbressy et Mainbresson, et de Louise Marguerite de Saint-Vincent (1).

Antoine Marie Aimé d'Aguizy, issu de cette union, naquit le 16 novembre 1778, et fut baptisé le 19 du même mois.

Nous nous bornons à citer le nom de ce dernier sans autre détail, car dans divers travaux ultérieurs nous aurons l'occasion de reparler plus amplement de sa famille.

(1) *Saint-Vincent* : on trouve au Nobiliaire de Champagne deux familles de ce nom, dont l'une est originaire du pays Basque.

I

ARCHIVES DE MAGNEUX

L'an mil sept cent trente huit, le 2ᵉ avril, est né, et le lendemain a été baptizé, par moy curé de Magneux, soussigné, le fils de messire Roland de France, escüyer, garde du corps du Roy, seigneur de Tannier en partie, et de dame Marguerite Antoinette de Maubeuge, ses pere et mere, mariez ensemble, de cette paroisse, auquel on a imposé le nom d'Antoine Roland. Le parain messire Antoine Alexandre de France, escuyer, mousquetaire de la garde du Roy, seigneur de Tannier en partie, de la paroisse de Tannier, diocèse de Soissons. La maraine dame Marie Elizabeth de la Houssay, veuve en secondes nopces de messire Charles Acham de Maubeuge, dame en partie de cette paroisse, et y demeurant.

La Houssaye de Maubeuge de France.

DE Maubeuge de France.

Brétigny, curé de Magneux.

L'an mil sept cent trente neuf, le quinze de novembre, est née, et le lendemain a été baptisée, par moy chanoine régulier de l'ordre des prémontréz, soussigné, la fille de messire Roland de France, garde du corps du roy, et de demoiselle Marguerite Antoinette de Maubeuge, ses père et mère, mariez ensemble, de cette paroisse, à laquelle on a imposé le nom de Marguerite Thérèse Simone. Le parrain messire Philippe de Maubeuge, seigneur de Tannier, de la paroisse dudit Tannier, diocèse de Soissons. La marraine damoiselle Simonne de France, épouse de messire Abraham Daudouin, seigneur de Passy, de la paroisse dudit Passy, diocèse de Soissons, qui ont signé avec nous le présent acte.

DE MAUBEUGE, SIMON DE FRANCE, D'HAUDOUIN.
LA HOUSSAYE DE MAUBEUGE.
BRÉTIGNY, curé de Magneux,
doyen de Fismes.
F. CLAUDE JOSEPH ALEXIS DE FOUGÈRE,
chan. re. de l'ordre de prémontré.

L'an mil sept cent quarante, le vingt décembre, est né et le même jour a été baptizé, par moy curé de Magneux, doyen de Fismes, soussigné, le fils de messire Roland de France, seigneur de Tanniere en partie, garde du corps du Roy dans la compagnie d'Arcourt, et de dame Marguerite Antoinette de Maubeuge, ses père et mère, mariez ensemble de cette paroisse, auquel on a imposé les noms d'Alexandre César Hyacinthe. Le parrein messire Alexandre Nicolas César de la Fougère, chevalier, seigneur de Courlandon, Baslieux, etc. La marreine dame Hyacinthe Margueritte Moët de Dugny, épouse dudit seigneur de Courlandon, laquelle dame a été représentée par damoiselle Marie Elizabeth de Maubeuge, lesquels ont signé avec nous les jours et an susdits.

BRETIGNY, curé de Magneux doyen de Fismes.
DE LA FOUGÈRE DE COURLANDON.
DE MAUBEUGE DERBIGNY.
F. BELLOT.   DE FRANCE.

L'an mil sept cent quarante deux, le dix-neuf de janvier, est née, et a été baptizée le lendemain, par moy, prestre curé de Magneux, doyen de Fismes, soussigné, la fille de messire Roland de France, escuyer, seigneur de Tannière en partie, et garde du corps du Roy dans la compagnie d'Harcourt, et de dame Margueritte Antoinette de Maubeuge, ses père et mère, mariez ensemble de cette paroisse, à laquelle on a donné le nom de Jeanne Elizabeth. Le parrein a été messire Jean Duhoux, escuyer de la paroisse de Beaufignereux, diocèse de Laon. La marreine dame Jeanne Margueritte Robinière, veuve de messire Charles François de Maubeuge, escuyer, vivant seigneur de Tannière, diocèse de Soissons, qui ont signé avec nous.

DUHOUX.

DE LA BRUYÈRE   ROBINIÈRE DE MAUBEUGE.

DE FRANCE   DE MONTGIRON.   DE GRANDCHAMP.

F. BELLOT.

BRETIGNY, curé de Magneux doyen de Fismes.

L'an mil sept cent cinquante un, le huit juin, je curé de Magneux, doïen de Fismes, soussigné, ay baptizé le jour de sa naissance, le fils de messire Pierre de Clouët, chevalier, garde du Roy, avec commission de capitaine de cavalerie, et de dame Marie Anne Adrienne Nicole de Maubeuge, ses père et mère, mariez ensemble, seigneur et dame de Grandchamp, et de cette paroisse en partie, où ils font leur résidence, auquel on a imposé les noms de Pierre Jean Baptiste Nicolas. Le parrein messire Pierre de Maubeuge, chevalier, lieutenant colonel du régiment de Soissonnais infanterie, seigneur d'Herbigny, la marreine dame Marie Elizabeth de Maubeuge, dame de Tannières, diocèse de Soissons.

BRETIGNY, curé de Magneux, doïen de Fismes.

NICOLAS DE CANELLE pour messire

PIERRE DE MAUBEUGE.

MAUBEUGE   DE MAUBEUGE   DE GRANDCHAMP.

L'an mil sept cent cinquante cinq le trente avril, je curé de Magneux doïen de Fismes, soussigné, ay baptisé le lendemain de sa naissance, Marie Agnès Alexandrine, fille de messire Pierre de Clouët, chevalier, seigneur de Grandchamp, et en partie de cette paroisse, où il fait la résidance, garde du corps du Roy avec commission de capitaine de cavalerie, et chevalier de l'ordre militaire de Saint-Louis, et de dame Marie-Anne Adrienne Nicole de Maubeuge, ses pere et mere, mariés ensemble ; le parrein messire Antoine Alexandre de France, écuyer, seigneur en partie de cette paroisse, et de Tannières, diocèse de Soissons, ou il fait sa résidence, ancien officier des mousquetaires, et chevalier de l'ordre militaire de Saint-Louis. La marraine demoiselle Agnès de Clouet, tante paternelle de sa filleule, résidante au château de Grandchamp, de ce diocèse.

BRETIGNY, curé de Magneux, doïen de Fismes.

Agnès DE CLOUËT.

DE FRANCE.

DE GRANCHAMP.

LE CH[r] DE FRANCE.

L'an mille sept cent soixante huit, le premier juin, est décédé en cette paroisse, après avoir reçu les sacrements de l'Église, messire Roland de France, escuyer, garde du corps du Roy, seigneur en partie de Tanières et de cette paroisse, dans laquelle il faisait sa résidance, et le lendemain nous l'avons enterré, comme il l'avait ordonné, dans notre cimetière, en présence de dame Margueritte Antoinette de Maubeuge, son épouse, de Messieurs de France, ses fils, de Monsieur de France, seigneur de Tannières, son frère, de Monsieur de Fougères de Courlandon, curé de Courlandon, et d'autres parents et amys.

Signé : BRETIGNY, curé de Magneux, doyen de Fismes.

MAUBEUGE DE FRANCE,

DE FRANCE, cap^{ne} d'inf^{ie} au R^r d'Eu.

DE FRANCE DE TANNIÈRE,   LE CH^c DE FRANCE,

DE FOUGÈRES DE COURLANDON,   (illisible).

VELLY, Curé de Mont.   DEPOUILLY DELACOUR,

VAUCLEROY,   Curé de Courville.

(illisible).   DELALOBBE.

L'an mille sept cents soixante neuf, le vingt aoust, est décédé en cette paroisse, messire Pierre de Cloüet, munis des sacrements de l'Église, âgé d'environ cinquante quatre ans, ancien sous brigadier des gardes du corps du Roy, compagnie de Beauvaux, chevalier de l'ordre royal militaire de St-Louis, seigneur de Grandchamp, et en partie de cette paroisse, dans laquelle il résidait, et le lendemain nous l'avons enterré, comme il l'avait ordonné, dans notre cimetière avec les cérémonies ordinaires, en présence de dame Marie Anne Adrienne Nicole de Maubeuge, son épouse, de messire Pierre Jean Nicolas de Cloüet, leur fils, de messire Charles Antoine de Maubeuge, son beau frère, de messire Nicolas de Canelle, son neveu, de messire Guillaume Antoine Alexandre de France, etc.

MAUBEUGE DE CLOÜET.

DECLOUËT, ch^r DE MAUBEUGE.

DE CANELLE,   CH^{er} DE FRANCE,

DE FRANCE,

TANNIER DE FRANCE DE CANELLE.

DE FRANCE.   DROUARD DE FRANCE,

BRETIGNY, curé de Magneux. doyen de Fismes.

L'an mille sept cent soixante et dix, le vingt-cinq may, je curé de Magneux, doyen de Fismes. soussigné, ai baptizé le jour de sa naissance. Antoinette Margüeritte Alexandrine, fille de messire Alexandre Cesaire Hyacinthe de France, surnuméraire des gendarmes de la garde du Roy, et de demoiselle Marie Anne Aimée Catherine de Drouard, ses père et mère, mariez ensemble, demeurant en cette paroisse. Le parrein messire Guillaume Antoine Alexandre de France, surnuméraire des gendarmes de la garde du Roy. Ledit parrein oncle paternel de sa filleule. La marreine, damoiselle Jeanne Margueritte Barrois de la paroisse de St-Denis de Reims.

BRETIGNY, curé de Magneux, doyen de Fismes.

DE FRANCE TANIÈRE.   JEANNE M. BARROIS.

MAUBEUGE DE FRANCE aïeulle.

Le Ch^r DE FRANCE, perre.

L'an mil sept cent soixante et douze, le second jour de septembre, je curé de Magneux, doyen de Fismes, soussigné, ai baptizé le jour de sa naissance. Nicolas Robert, fils de messire Alexandre Césaire Hyacinthe de France, escuyer, officier dans le régiment provincial de Soissons, et de dame Marie Anne Aimée Catherine de Drouard, ses père et mère, mariés ensemble, demeurants dans cette paroisse. Le parain monsieur Nicolas Robert Velly, curé de Mont sur Courville. La maraine dame Marie Anne Adrienne Nicole de Maubeuge, dame en partie de cette paroisse, dans laquelle elle réside, veuve de messire Pierre de Cloüet, escuyer, brigadier des gardes du roy, chevalier de l'ordre militaire de Saint-Louis, et seigneur de Grandchamp.

MAUBEUGE DE GRANDCHAN. VELLY, curé de Mont.

MAUBEUGE DE FRANCE, ajeulle. CANELLE DELALOBBR.

COURTIN DE LAGERY, D'HAUDOIN

mousquetaire gris. DE FRANCE.

CLOUET DE GRANDCHAMP, BRÉTIGNY, curé de Magneux,

mousquetaire noir. doyen de Fismes.

L'an de grâce mil sept cent soixante quinze, le vingt neuvième jour du mois de septembre, est décédé à Magneux, messire Antoine Charles de Brétigny, prêtre, curé de cette paroisse, âgé environ de soixante treize ans ; son corps a été conduit et inhumé le lendemain dans le cœur de l'église dudit lieu avec les prierres et les ceremonies accoutumées de l'Église par nous Henri Bouzain, prêtre, curé d'Hourges, et doyen de Fismes, en présence de Me Jacques Joseph Pouilly Delatour, curé de Courville, de Me Jean Breart, curé d'Unchers, de Me Jeremie Roujoux, ancien curé de Fismes, de Me Antoine Pruche, curé actuel dud. Fismes, de messire Cesaire Alexandre Hiacinthe de France, seigneur en partie dud. Magneux, capitaine au regiment provincial de Soissons, qui ont signé avec nous les jour, mois et an que dessus.

DEPOUILLY DELATOUR, LE CH^{er}. DE FRANCE.

curé de Courville. J. BRÉART.

ROUJOUX. TRUNELLE, BINET, BAILLY.

PRUCHE, procureur fiscal.

H. BOUZAIN, curé D'HOURGES et doyen de Fismes.

L'an de grâce mil sept cent soixante et seize, le vingt huit janvier, je soussigné, Joseph Gillet, prêtre, curé de Magneux, ai baptizé le lendemain de sa naissance, la fille de messire Alexandre Césaire Hyacinthe de France, escuier, capitaine au regiment provincial de Soissons, seigneur en partie de Magneux, et de dame Marie Anne Aimée Catherine de Drouart, ses pere et mere, mariés ensemble, habitans dudit Magneux, à laquelle on a imposé le nom de Marie Elisabeth Joséphine : je Joseph Gillet curé susdit ai été le parein de cette enfant, et la mareine a ete dame Marie Elisabeth de Maubeuge, épouse de messire Eustache de Vaucleroy, escuier, cy devant capitaine de grenadiers royaux au régiment de Narbone, chevallier de St-Louis, habitante de la paroisse de Courville. Le père de l'enfant et la mareine ont signé avec moi, les jour et an que dessus.

Marie Elisabet de Maubeuge

de Vaucleroy.

de Maube de France, grand mère.

Vaucleroy de Courville.

Le Ch^r de France.   de France, tente,   Gillet, curé.

L'an de grace mil sept cent soixante et dix huit, le dix-neuf de novembre, je soussigné Joseph Gillet, pretre, curé de Magneux les Fismes, ai baptizé le fils de messire Charles Louis d'Aguisy, ecuyer, chevallier, seigneur de Mainbressy, garde du corps du Roy dans la compagnie de Luxembourg, et de dame Marie Agnes Alexandrine de Cloüet de Granchamp, ses père et mère, mariés ensemble, demeurant maintenant audit Magneux, né le seize du présent mois, auquel on a imposé le nom de Antoine, Marie, Aimé, le parein a été messire Jean Antoine d'Aguisy, ecuyer, chevalier, seigneur de Mainbresson, Mainbressy et autre lieu, demeurant en son chateau de la paroisse de Mainbresson, représenté par messire Louis Aimé d'Aguisy, chevalier de l'ordre militaire de St-Lazare, lieutenant au régiment d'Enghien, son fils, demeurant au chateau dudit Mainbresson, la mareine dame Marie Anne Adrienne Nicole de Maubeuge, veuve de messire Pierre de Clouët, écuyer, chevalier, seigneur de Grandchamp et de Magneux, ancien brigadier des gardes du corps de la compagnie de Beauvau, demeurante audit Magneux. Le père, le parein et la mareine ont signé avec moi, les jour, mois et an susdits, ainsi que d'autres parents et amis.

DE MAUBEUGE DE GRANDCHAMP. D'AGUISY D'ENGHIEN.
D'AGUISY DE MAINBRESSON. MAUBEUGE DE FRANCE.
D'AGUISY DE MAINBRESSON. GILLET,
DE FRANCE. *curé.*
M. F. J. DE FRANCE.

L'an de grâce, mil sept cent quatre vingt six, le douzième jour du mois de février, est décédée à Magneux, damoiselle Margueritte Antoinette de Maubeuge, veuve de messire Roland de France, chevalier, seigneur en partie de Magneux et de Tanierre, ancien garde du corps du Roy compagnie de Luxembourg, âgée de soixante dix huit ans; son corps a été conduit et inhumé le surlendemain dans le cimetierre dudit lieu, avec les prierres et cérémonies ordinaires de l'Église, par moy Henri Bouzain, curé d'Hourges, et doyen de Fismes, en presence de messire Antoine Roland de France, chevalier, seigneur en partie de Tanières et Villers, chevalier de St-Louis, ancien capitaine commandant des grenadiers au régiment maréchal de Turenne, de messire Alexandre Césaire

Hiacinte de France, chevalier, capitaine d'infanterie, de Margueritte Thérèse Simonne de France, tous enfans de ladite deffunte ; le premier demeurant à Villers, et les deux derniers, demeurant audit Magneux, et d'autres parens et amis qui ont signé avec nous les jour, mois et an que dessus.

DE FRANCE. Le Ch[r] DE FRANCE, DE FRANCE, BOUZAIN. LEHERAT.

DE TUGNY, GILLET, curé de Magneux.
A. GUÉRIN, ch[r] DE BRUSARD.

ARCHIVES DE GRANDCHAMPS.

1777, 3 décembre. — Mariage de Charles Louis d'Aguisy, chevalier, lieutenant de cavalerie, garde du corps du Roy, âgé de 25 ans, fils de messire Jean Antoine d'Aguizy, chevalier, seigneur de Mainbressy et Mainbresson, et de Louise Marguerite de Saint Vincent, avec damoiselle Nicole Agnès Alexandrine de Clouet de Grandchamps, âgée de 22 ans, fille de feu Pierre de Clouet de Grandchamps, chevalier de l'Ordre Royal militaire de Saint Louis, seigneur de Magneux, brigadier des gardes du corps du Roi, et de Marie Adrienne Nicole de Maubeuge, de droit de la paroisse de Magneux. Témoins : messire Louis Gabriel Dieudonné d'Aguizy, chevalier, lieutenant dans les grenadiers royaux au régiment provincial de Châlons, messire Nicolas François Marie Dubois d'Ecordal, lieutenant en premier au régiment de Metz du corps royal de l'artillerie, frère et cousin germain de l'époux, Marie Anne Adrienne Nicole de Maubeuge, dame de Magneux, messire Pierre Jean Nicolas Clouet de Grandchamp, ancien mousquetaire du Roi, chevalier de l'ordre royal, militaire de Saint-Lazare, pensionnaire du Roi, chevalier, seigneur de Magneux, et Marie Joseph de Clouet, mère, frère et tante de l'épouse.